MASTEREARTH del Buda Maitreya propone suplantar al sistema de capital

Reemplazar la unidad monetaria por unidades de tiempo cualificado y asignar rentas vitalicias mínimas

Copyright © 2022 by Roberto Guillermo Gomes. All rights reserved. No part of this publication may be reproduced, distributed, or transmitted in any form or by any means, including photocopying, recording, or other electronic or mechanical methods, without the prior written permission of the publisher, except in the case of brief quotations embodied in critical reviews and certain other noncommercial uses permitted by copyright law. For permission requests, write to the publisher at the email below.

Cover image: pxhere.com

Published by: Roberto Guillermo Gomes

Contact: yogi.mettatron@gmail.com

Published Worldwide

"La robótica anula el sistema de capital y trabajo, a partir de ahí se puede optar entre redistribuir la riqueza entre todos los habitantes por igual o hiperconcentrarla en pocas manos y abandonar las masas en la miseria, en la incertidumbre y a su propia suerte". Dhammapada del Buda Maitreya. 2153

ÍNDICE

INTRODUCCIÓN

EL SISTEMA DE CAPITAL HA LLEGADO A UN PUNTO LÍMITE DE IRREVERSIBILIDAD EN RELACIÓN CON EL MEDIO AMBIENTE, A PARTIR DEL CUAL SE PRODUCEN DESECONOMÍAS DE ESCALA INTERNAS SOBRE LOS SISTEMAS DE PRODUCCIÓN CON BASE A CAUSAS EXTERNAS ECOLÓGICAS. ES DECIR LOS BIENES DE PRODUCCIÓN TIENDEN A ELEVAR SUS COSTOS. ESTO YA SE NOTA EN LOS PRECIOS AL ALZA DE LOS ALIMENTOS, EN LOS VALORES DE LA PROPIEDAD INMUEBLE Y DEMÁS INSUMOS VITALES. EL COSTO ESTÁ DEJANDO DE SER EFICAZ Y ESTO LO PAGA LA POBLACIÓN MÁS EMPOBRECIDA.

¿Cómo es el proceso?: Aquí damos un ejemplo:

Un agricultor tala una parcela de pluviselva, siembra y obtiene una abundante cosecha. Inmediatamente es imitado por los demás hombres de su aldea, hasta que acaban con una gran zona de esa misma pluviselva. Como consecuencia se modifica el régimen de lluvias, llega la sequía, la tierra se vuelve árida y seca. Entonces ya las cosechas no tienen rinde.

Esto mismo es lo que Humanidad ahora está haciendo sobre toda la naturaleza en nuestro planeta Tierra, sobreexplotando los recursos naturales, bajo la presión de la demanda de la superpoblación. Acabando en el escaso tiempo de una a dos generaciones con el patrimonio ecológico neto de todo un planeta. Esto tiene efectos directos e indirectos sobre el comportamiento de las economías regionales, nacionales e internacionales, causando disrupciones. Las cuales se intensificarán en la misma proporción que los recursos renovables y no renovables comiencen a escasear severamente.

ANTÍDOTOS

El primer antídoto ante la crisis planteada es el control y reducción progresiva de la superpoblación. Dentro de un mundo limitado no se puede sostener población con tendencia ilimitada. El planeta tiene capacidad de carga para dar soporte vital a unos 5.000 millones de seres humanos. Lo ideal serían mil millones. Esa es la meta. En el camino deberá imponerse la restricción a los nuevos nacimientos. Por ejemplo sólo admitir legalmente que las parejas tengan un único hijo y penalizar las transgresiones. No hay otra solución. El tema es incordioso, pero no queda otra alternativa que aplicarlo o destruiremos nuestro ecosistema so pena de autoextinguirnos.

El segundo antídoto consiste en pasar de la acumulación del capital egoísta al sistema de capital solidario de reparto. Tampoco aquí hay margen para otra alternativa. Es el sistema de capital hiperconcentrado el que está acabando con las reservas de la Tierra, alimentando la maquinaria infernal del hiperconsumo. Mientas permitamos que continúe operando proseguirá socavando nuestro sostén vital. Esto es necesario comprenderlo. Hacer campañas didácticas para que toda la población pueda entenderlo. Debemos cambiar de sistema o no sobreviviremos.

Pero antes debemos saber ver que le debemos al sistema de capital actual la eficiencia que hace funcionar la maquinaria productiva del mundo. Lo que posibilita que sobre nuestra mesa y en nuestro hogar estén los productos de las más lejanas regiones y naciones, que se realicen en tiempo y forma las siembras y las cosechas, el transporte de las mercaderías, tanto por tierra, mar y aire, que exista un sistema de comercialización eficaz… Todo esto es positivo. Pero el excesivo deseo de lucro nos está matando gradualmente, está ocasionando la 6º Extinción Masiva de todas las especies. Debemos saber frenarnos y salirnos del sistema.

¿Salirnos del sistema? Es fácil decirlo, ponerlo en práctica es lo difícil y para lo cual se requiere del esfuerzo combinado de todos los actores mundiales, la unión de todos los factores de poder, una vez que se haya comprendido cabalmente la necesidad del cambio, la naturaleza del mismo, el sentido y la dirección del mismo.

EL DINERO ES UNA ABSTRACCIÓN DE LA ENERGÍA HUMANA

El dinero es una convención abstracta que representa el trabajo o energía humana. Mediante la plusvalía puede acumularse el interés sobre el capital y de esta forma multiplicarse el dinero. Dentro de una sociedad cibernética, el dinero podrá ser reemplazado directamente por el valor real, o sea el tiempo cualificado. Esto eliminará a los pobres y a los millonarios al mismo tiempo, universalizando una clase media de alto estándar de calidad de vida.

Los medios electrónicos permitirán que aparatos como el celular, que podrán ser usados en brazaletes o en anteojos de realidad ampliada, sirvan de soporte para las transacciones instantáneas (esto ya existe). Por ejemplo se podrá usar un brazalete que interaccione con el ADN del usuario únicamente. El dispositivo cargará automáticamente los créditos por tiempo cualificado correspondientes a cada mes. La persona podrá realizar sus compras y simplemente pasar el chip insertado en el brazalete ante la caja digital del comercio y así concretar la compra. Esto mismo podrá hacerlo mediante el celular y la PC, con un software digital específico.

Los sujetos más creativos dentro de la sociedad, serán los que podrán acumular mayor cantidad de crédito y disfrutar de mayor acceso a los distintos servicios. Se premiará el conocimiento y no existirá más la necesidad de hacer negocios. Al no existir más el dinero, dejará de ser la meta principal el acumularlo. El nuevo patrón de objetivos serán los méritos científicos y artísticos.

Acerca de cómo funcionará el sistema, los que acumulen mayor cantidad de créditos, por ser más proactivos, podrán acceder a los bienes de la comunidad. Por ejemplo al telescopio Hubble, en el caso que el ciudadano sea científico, y contar con este apoyo para realizar investigaciones de campo.

Se prohibirá la especulación, la plusvalía y los bancos. Todos gozarán de una renta mínima vitalicia garantizada de por vida, puesto que el sistema de producción, en todas las áreas repetitivas, habrá sido transferido a los robots y a las IAs. Así todos tendrán aseguradas las necesidades básicas, de acuerdo a los derechos universales.

A su vez, en la reestructuración de la sociedad mundial, todo ciudadano al nacer debe gozar de los siguientes derechos gratuitos garantizados:

1.   Total acceso a la salud.

2.   Total acceso a una sana alimentación.

3.   Total acceso libre y gratuito a la educación.

4.   Total acceso a una vivienda digna.

5.   Total acceso a un trabajo digno.

6.   Total acceso al gobierno digitalizado.

7.   Total acceso a radicarse en el lugar del mundo de su libre elección.

El dinero no existirá, como contraprestación por los derechos universales básicos, cada individuo está obligado a una carga horaria para brindar servicios comunitarios específicos, dentro del nuevo sistema emergente. Dado que las tareas repetitivas y físicas las cumplen los robots, los humanos se dedican a las acciones intelectuales y creativas. Este modelo social será habitual a fines del presente Siglo XXI.

Esto se complementará con seguridad 100%, mediante tecnología digital avanzada que permiten los adelantos de aplicaciones de Human-X Technologies en el campo de la alta seguridad personal, urbana e interurbana, de máximo alcance y nivel.

La criminalidad es reducida al mínimo porcentaje, mediante la lógica interactiva de la convergencia hiperconcentrada de los nuevos medios digitales.

Este aspecto externo, a su vez se encuentra reforzado por el Programa Ahimsa, que permite una red satelital bañando toda la superficie planetaria, con flujos constantes de frecuencias ajustadas a las ondas cerebrales para producir funcionamiento de ondas mentales alfa coherentes y por tanto, con menor contenido de agresión y violencia, individual y colectiva.

Debe entenderse además, que el concepto de gratuidad de los derechos universales, refrendados mediante su Carta Magna Única Planetaria, están contrabalanceados por obligaciones estrictas dentro de la lógica del nuevo sistema socioeconómico, político, científico y militar.

Todo individuo tiene la obligación de ser productivamente activo y útil para el sistema. Sus niveles de beneficios individuales personalizables, son en función de la mayor lógica de servicio a la comunidad en colectivo de la que forma parte.

Y éste servicio es imparcialmente registrado y evaluado por el procesado de intercambios constantes de flujos neurodigitales. El sistema sólo cierra, asimismo, si se encuentra bajo el formato estructural de la Democracia Digital Directa, de plena libertad ciudadana, de pleno poder ciudadano.

Esta forma de autogobierno, la denomino Solidaricracia; es decir, la lógica superior del sistema responde a la Compasión, como funcionalidad que permite los diferentes niveles del crecimiento de la alta complejidad de la maquinaria socioeconómica.

El patrón psicológico, la programación central en el subconsciente colectivo profundo, a nivel subliminal y superficial, es la Compasión, en reemplazo de las doctrinas y otras formas de pensamiento limitadas. Esto permite que la Defensa de la Sagrada Vida sea la prioridad de todo el sistema.

Y así, los derechos primordiales de los individuos y todos los ciudadanos planetarios, son defendidos por la integralidad del sistema colectivo del que forman parte.

Dentro de la organización todo ciudadano tiene derecho a un plato de comida nutritiva básica en forma diaria, ningún ciudadano debe morir por falta de alimento. Esto es un acto de máximo crimen.

Los responsables son inmediatamente arrestados y juzgados en forma pública y abierta. La pena de muerte no existe, porque en una cultura avanzada se comprende que nadie tiene derecho a quitar la vida.

La Vida es Sagrada y debe ser respetada, caso contrario se pierde la coherencia con la fuerza de unidad superior, mediante la lógica de la Compasión. Dios nos da la vida, sólo Dios nos la quita. Una vez que la tecnología lo permita la ejecución de los criminales consistirá en el borrado de su yo psicológico enfermo de su soporte cerebral y la implantación de otro sano y positivo.

¿Y el dinero cómo será? Primero partamos de lo que el dinero es, en esencia. Se trata de una abstracción sobre unidades de energía en el mundo real. Tales unidades son equivalentes a segundos, minutos y horas de trabajo de un ser humano promedio. Esta comprensión nos permite ver al dinero como una forma de acelerar intercambios sobre flujos dados de intercambios de flujos de energías, que representan modificaciones materializadas sobre el mundo real, objetos y funciones concretas. Dinero = tiempo.

Siendo así la realidad del sistema económico, la evolución lógica es deshacernos del dinero como patrón de intercambio y concentrarnos sobre las unidades de tiempo.

La razón de esto radica en que el dinero, como es ahora sobre el mundo, representa un modelo ya ineficaz, con alta perdida de carga de energía en los procesos de intercambio, equivalentes a transmisión de cargas. Estas pérdidas de tensión, causan reducción de puestos de trabajo y contradicciones internas en el sistema, o sea saltos de tensión y estallidos de transformadores, equivalentes a especulación, usura financiera, costo del dinero en sí y crisis económicas cíclicas. Todo esto puede ser superado, cambiando directamente de modelo. (Y al proceder al cambio podrán licuarse las deudas internas y externas de los Estados…).

No puede ser superado por dentro del modelo dinerario, porque son contradicciones inherentes al modelo. ¿Qué podemos racional y lógicamente hacer para evolucionar? Suplantar el dinero por unidades de tiempo superiormente cualificado, de productividad humana pensante.

Es decir, en concordancia con los 7 Derechos Humanos Básicos, todo ciudadano tiene garantizado una disponibilidad de unidades de tiempo, dentro de la lógica colectiva del sistema que integra y así se le garantizan sus necesidades básicas de vida y desarrollo.

Ahora, el tiempo cualificado como unidad de intercambio, permite mediante el soporte digital de alta integración, que la producción individual de creciente cualificación sea acumulable.

Esto no permite la acumulación propietaria del sistema monetario anterior, sino el mayor acceso a los medios tecnológicos suficientes y necesarios, que a su vez permitan un mayor desarrollo en los niveles individuales de cualificación.

Por ejemplo, si un ciudadano posee una mente muy desarrollada, podrá tener acceso por ejemplo a los comandos del telescopio Hubble, para completar exploraciones y proyectos de investigación, como ya explicáramos. Esto es a modo de ejemplo en cuanto responde a un modelo de Sociedad del Conocimiento.

También la acumulación de tiempo cualificado, sirve para las transacciones o intercambios de productos selectivos diferenciados. Si el ciudadano promedio hace un mayor esfuerzo, obtiene mayores beneficios.

Esto se ajusta con su foja electrónica de servicios. El sistema puede dar lugar a nuevas formas de delincuencia, esto está previsto en el desarrollo de hardware y software personalizados.

Y aun así en caso de aparecer los posibles delincuentes al ser localizados, son expulsados hacia ciudades sin ley, eliminándose así los centros penitenciales. Donde son obligados a vivir en condiciones de tecnología inferior, en submundos.

Este reemplazo del dinero por el tiempo cualificado, representa un salto enorme para la Humanidad presente, aún mayor que el primer paso dado sobre la Luna. Porque esta nueva lógica de flujos de intercambios y transacciones, liberará enormes reservas de energía psicológica, fuerza psíquica humana y potencialidades neutralizadas o subutilizadas en los parques urbanos y centros de producción industrial especializada.

Todos debemos reflexionar que un sistema donde corporaciones como Microsoft, puedan desaparecer de un día para el otro, no es racional.

El sistema de capital llegó hasta su máximo nivel de desarrollo, ahora es tiempo de perfeccionarlo y reemplazarlo por una lógica de orden más elevada, más racional, más solidaria, más ecológica.

Si todos los que trabajan en Microsoft se liberan de la presión de la supervivencia vital, pueden concentrarse sobre metas más elevadas, como lo hace NASA.

Incluso NASA si cuenta con el reajuste constante de sus presupuestos, en función de las mayores estrategias e impactos contemplados, podrá concentrarse mejor en concretar sus objetivos.

O sea, la lógica del dinero, la hiperconcentración de recursos de capital nos permitió, desde la transferencia del oro americano hacia los tesoros de España y luego de Holanda, Francia e Inglaterra, el proceso de industrialización. Pero la potencia del dinero se agotó. Y ahora es peligroso continuar organizando a la raza humana, a sus sociedades, bajo éste arcaico patrón. Poseemos la tecnología digital, debemos saber aplicarla para fines y objetivos superiores.

El presidente Obama convocó a jefes de Estado del mundo, así como a líderes empresariales y de organizaciones no gubernamentales a un debate abierto en diciembre 2009, para incrementar la lógica del empleo mundial. Puntualizando que necesariamente la plena reactivación de la dinámica intrínseca de la economía norteamericana, se complementa con la economía mundial que construyen las economías nacionales mediante sus flujos de intercambio en materia de comercio internacional.

El Programa 1x1 es fundamental, para establecer una nueva lógica de mercado laboral. El programa permite la fusión entre los canales formativos constantes y la producción objetiva just in time. Es un modelo que crecerá y absorberá todo el flujo de transformaciones de los mercados en breve, en función de la expansiva ola de digitalización de las tareas productivas humanas.

Es sólo detenerse a pensar un momento y poder ver con claridad que estamos pasando del modelo de Pablo Picapiedra, trabajando en la cantera, al de la Familia Supersónica, con Súper interactuando con una computadora inteligente industrial.

Si no aplicamos ahora, con total decisión el modelo del Programa 1x1, pagáremos muy alto las consecuencias (con desempleo estructural internacional masivo), que ocasionará la oleada cibernética que lidera Estados Unidos.

En el Programa 1x1 en teletrabajo coparticipativo sobre las ganancias del capital, las personas anotadas en el sistema trabajan una hora diaria y reciben a cambio una participación porcentual fija sobre las ganancias de las empresas que las contratan.

Nuestros modelos educativos y laborales están separados y son como Pedro Picapiedra, prehistóricos, es decir predigitales, porque usemos notebooks en las escuelas, no quiere decir que el sistema que integramos sea inteligentemente digital.

Este nuevo modelo puede ser implementado, como prueba piloto en Miami, Belo Horizonte y en alguna urbe de Jordania.

La razón de estas 3 ciudades, responde a la lógica de evolución moral promedio de sus pueblos; dado que la mayor inteligencia moral es condición sine qua non para una mayor evolución integral de las inteligencias promedio y de accesos a las altas tecnologías.

Este modelo puede repetirse rápidamente en Tokio, Beijing, Singapur, Frankfurt y Londres, luego expandirse hacia todo el planeta.

Debe comprenderse, que los cambios cualitativos que la Humanidad necesita urgentemente ahora, no podrán obtenerse bajo modelos inmediatamente masificables.

Debe primero experimentarse en unas pocas ciudades y luego trasladarlos hacia la sociedad colectiva planetaria. Bajo esta lógica es simple y eficaz, la hiperconcentración de nuevos modelos y parámetros tecnológicos.

No podemos crear la sociedad supertecnológica futura en todas las ciudades humanas al mismo tiempo, pero sí en unas pocas experimentales, cuyo número de habitantes, su infraestructura de recursos y su cultura digital lo permitan y admitan.

EL FLAGELO DEL BAJO IQ

El mayor flagelo de la Humanidad presente y del cual casi nadie habla, es el bajo IQ promedio de la población. Esta condición de la inteligencia colectiva de las masas, es la razón para sus reacciones irracionales, para la violencia doméstica y criminal, para la guerra y para todo tipo de agresiones. Veamos la situación:

Porcentaje de la población con IQ

IQ	%	Nivel
130	2,1	Muy dotada
121-130	6,4	Dotada
111-120	15,7	Inteligencia por encima de la media
90-110	51,6	Inteligencia media
80-89	15,7	Inteligencia por debajo de la media
70-79	6,4	Retraso mental

- Fuente: Resing en Blok (2002)

Sólo un 0,5% de la población cuenta con un coeficiente mental superior a 140 puntos. Mientras los que alcanzan los 180 puntos son considerados genios.

De modo que es prioridad pasar de la sociedad del consumo a la Sociedad del Conocimiento. Donde el 80% de los medios audiovisuales estén dedicados a la formación y al conocimiento y sólo el 20% de los contenidos al entretenimiento.

Además, la ciencia médica, la genética y la biología molecular están avanzando constantemente. A futuro será posible la regeneración neuronal. Aumentar artificialmente la cantidad de sinapsis y los neurochips permitirán el enlace directo entre las neuronas y la IA, aumentando el IQ personal a límites fuera de escala. Estamos en la antesala de un salto evolutivo, tan grande, que dejará atrás al Homo Sapiens y nos convertiremos en una nueva especie. Pero si en el camino erramos y caemos en callejones sin salida, podemos autoextinguirnos…

La exploración espacial está comenzando a diseñar ciudades futurísticas altamente funcionales y tecnológicas. Estos modelos podrán ser aplicados en el Planeta Tierra para la reconversión de los parques urbanos y construir así la civilización del Siglo XXII.

IMAGINA UN MUNDO MEJOR

Con el Master Plan para Salvar el Planeta proyectamos un mundo sin hambre, sin pobreza, sin pandemias, sin fronteras, con 2 idiomas, uno universal, con un solo Ejército y por tanto sin guerras, sin moneda y sin capital, con un Eco Gobierno Planetario bajo sistema de Democracia Digital Directa Global, donde los ciudadanos del mundo votan todas las leyes y designan y destituyen a las autoridades de los demás poderes centrales, asesorado por un Consejo de las Ciencias integrado por los mejores científicos de todos los continentes, con el trabajo a cargo de la cibernética y la IA, redistribuyendo los beneficios mediante una renta vitalicia a toda la población ocupada mediante el ocio creativo y el servicio social, artístico y científico.

Adultos, niños y ancianos, meditando y expandiendo sus mentes a la Inteligencia Cuántica Cósmica. Con el planeta reverdecido mediante la recuperación de bosques y océanos, junto con la protección de la biodiversidad.

Finalmente, el hombre viviendo en paz y fraternidad los unos con los otros y en armonía entre la ciencia, la tecnología y la Naturaleza… Sólo hay que despertar, unirnos y juntos convertirlo en realidad.

¿CÓMO HACERLO REALIDAD?

Únicamente podemos lograrlo sumando fuerzas e iniciativas por la paz y el progreso mundiales. Y hacerlo desde el interior del sistema de capital, no en contra, no desde afuera. Es la única forma de transformar gradualmente el modelo y convertirlo en un sistema de Capital Solidario de Reparto Igualitario.

¿Qué queremos decir con esta definición? Hacemos referencia a la renta vitalicia mínima que será necesario implementar sobre la población humana cuando a los robots y a las IAs, les sean transferidos los sistemas de producción y trabajo. Algo que sucederá de la noche a la mañana.

De golpe comenzarán a funcionar las líneas de montaje de los robots humanoides que nos reemplazarán y serán ensamblados en masa. Muy rápidamente evolucionarán y se harán más inteligentes, más hábiles, más productivos y desplazarán a la mano de obra humana.

Los nuevos neurochips, mejores y más potentes memorias marcarán la diferencia. A su vez la computación cuántica sin error dará soporte a más potentes IAs.

Dentro de este mundo cibernético que el futuro inmediato nos depara, el Teletrabajo es nuestro último refugio laboral y hacia él debemos emigrar masivamente lo más rápido posible en forma eficiénte y organizada.

Desde la Religión Universal se propone como alternativa de solución efectuar donativos y aportes de capital para activar multiportales de Teletrabajo y traspasar un 50% de las ganancias netas a UNICFEF y otras ONGs.

Para que se entienda el sistema, esto es diferente de realizar donativos a entidades de beneficencia o a los pobres, que continuarán necesitando ayuda porque no se altera su condición de vida estructural.

Con los donativos y aportes de capital se activan multiportales que crean primero cientos y luego miles, cientos de miles de puestos de Teletrabajo dentro de Internet conectados con el E-Commerce y el E-Business. Esto da el pan nuestro de cada día a los distintos miembros activos de cada portal.

Y con el 50% de las ganancias se brinda auxilio y ayuda económica directa a ONGs como UNICEF, CARITAS, CRUZ ROJA INTERNACIONAL, MÉDICOS SIN FRONTERAS y a la iniciativa PLANTEMOS 30 MIL MILLONES DE ARBOLES POR AÑO.

De esta forma se crea un sistema proactivo de Capital Solidario. Ya no se necesitan filántropos ni fundaciones humanitarias, el sistema se encarga de proveer los recursos necesarios.

Y además toda la información relativa a los ingresos, movimientos de los recursos, inversiones y donativos, se publica íntegramente por internet en forma pública. Ese es nuestro compromiso.

El primer paso consiste en un donativo o aporte de capital equivalente a 1 millón de dólares libre de impuestos. Será utilizado en la inscripción de Religión Universal como tal, lo que posibilitará funcionar con eximición de impuestos y en la creación de la Fundación Global Solidarity para la administración del proyecto Humanitarian Marketing Program.

Para los aportes de capital, los eventuales socios del sistema reciben los beneficios equivalentes al 50% de las ganancias netas, descontando las necesarias reinversiones proyectadas para cada caso particular.

El Primer Giro del Moderno Sagrado Dharma no es religioso aparentemente. Está aplicado sobre el sistema de capital y trabajo, del cual depende el pan nuestro de cada día. Lo perfecciona, lo masifica y lo solidariza, permitiendo alcanzar un estado más elevado de la mente y el espíritu.

Todo miembro de los equipos de Teletrabajo de esta comunidad es invitado a formar parte de los 8 pilares de la Religión Universal y a practicar Neurociencia Contemplativa en forma diaria. Así, la transformación es completa, abarcando la triple realidad del cuerpo, mente y alma.

LLAMADO DE CONCIENCIA

Si tú eres multimillonario te convoco, necesito de tu ayuda y colaboración para cambiar positivamente al mundo. Te doy la oportunidad de participar dentro de una transformación revolucionaria del sistema de vida planetario que todos habitamos.

Desde la Religión Universal, como Buda Maitreya, propongo el Capital Solidario Igualitario. Esto se traducirá en una renta vitalicia mínima en beneficio de todos los ciudadanos del mundo.

¡No!, no es comunismo, es Solidaridad Proactiva. Todos debemos comprender que el sistema de capital, del cual todos dependemos para comer, vestirnos, trabajar, progresar y vivir, ha llegado hasta su último punto límite. Las deseconomías implicadas en dicho sistema están destruyendo nuestro mundo, nuestra sustentabilidad ecológica mediante el hiperconsumo superfluo. Y además generando condiciones de intensificación social de la violencia personal y entre las naciones.

El nuevo sistema de reemplazo consiste en cambiar el patrón dinerario por el tiempo cualificado. Cada ciudadano mundial, a cambio de sus servicios comunitarios brindados durante su semana activa, recibe créditos de tiempo cualificado. Los cuales se cargan electrónicamente en una pulsera en forma digital, para ser usada en la muñeca, la cual es inviolable, porque opera usando como clave el ADN del usuario.

Sobre qué hacer con los ricos, millonarios y multimillonarios… Todos ellos podrán seguir disfrutando de sus bienes y fortunas mientras vivan, pero no podrán dejarlos en herencia. Al morir sus patrimonios pasarán al sistema de Capital Solidario.

Como yogui no puedo comer más de lo que el espacio de mi estómago me permite. No puedo usar más de un par de zapatos por vez. Al igual que los pantalones y una camisa. No puedo habitar más de una casa al mismo tiempo. Sólo necesito poder comer, vestirme, estudiar y meditar, nada más… Entonces, si tú eres multimillonario, ¿para qué quieres tantos millones, si no puedes comprar el Reino de los Cielos al morir?

En lugar de ser recordado como una persona de éxito, ¿no sería mejor ser recordado como una persona bondadosa y solidaria? Entonces piénsalo, ayúdame a dar el Primer Giro en la Moderna Rueda del Sagrado Dharma en beneficio de la Humanidad entera.

REFERENCIAS BIBLIOGRÁFICAS

Benians, E. A. (1925). "II. Adam Smith's Project of an Empire". Cambridge Historical Journal. 1 (3): 249–283. doi:10.1017/S1474691300001062.

Bonar, James, ed. (1894). A Catalogue of the Library of Adam Smith. London: Macmillan. OCLC 2320634 – via Internet Archive.

Buchan, James (2006). The Authentic Adam Smith: His Life and Ideas. W.W. Norton & Company. ISBN 0-393-06121-3.

Buchholz, Todd (1999). New Ideas from Dead Economists: An Introduction to Modern Economic Thought. Penguin Books. ISBN 0-14-028313-7.

Bussing-Burks, Marie (2003). Influential Economists. Minneapolis: The Oliver Press. ISBN 1-881508-72-2.

Campbell, R.H.; Skinner, Andrew S. (1985). Adam Smith. Routledge. ISBN 0-7099-3473-4.

Coase, R.H. (October 1976). "Adam Smith's View of Man". The Journal of Law and Economics. 19 (3): 529–46. doi:10.1086/466886. S2CID 145363933.

Helbroner, Robert L. The Essential Adam Smith. ISBN 0-393-95530-3

Nicholson, J. Shield (1909). A project of empire;a critical study of the economics of imperialism, with special reference to the ideas of Adam Smith. hdl:2027/uc2.ark:/13960/t4th8nc9p.

Otteson, James R. (2002). Adam Smith's Marketplace of Life. Cambridge: Cambridge University Press. ISBN 0-521-01656-8

Palen, Marc-William (2014). "Adam Smith as Advocate of Empire, c. 1870–1932" (PDF). The Historical Journal. 57: 179–198. doi:10.1017/S0018246X13000101. S2CID 159524069. Archived from the original (PDF) on 18 February 2020.

Rae, John (1895). Life of Adam Smith. London & New York: Macmillan. ISBN 0-7222-2658-6. Retrieved 14 May 2018 – via Internet Archive.

Ross, Ian Simpson (1995). The Life of Adam Smith. Oxford University Press. ISBN 0-19-828821-2.

Ross, Ian Simpson (2010). The Life of Adam Smith (2 ed.). Oxford University Press.

Skousen, Mark (2001). The Making of Modern Economics: The Lives and Ideas of Great Thinkers. M.E. Sharpe. ISBN 0-7656-0480-9.

Smith, Adam (1977) [1776]. An Inquiry into the Nature and Causes of the Wealth of Nations. University of Chicago Press. ISBN 0-226-76374-9.

Smith, Adam (1982) [1759]. D.D. Raphael and A.L. Macfie (ed.). The Theory of Moral Sentiments. Liberty Fund. ISBN 0-86597-012-2.

Smith, Adam (2002) [1759]. Knud Haakonssen (ed.). The Theory of Moral Sentiments. Cambridge University Press. ISBN 0-521-59847-8.

- # NEUROYOGA: METAS GLOBALES

1. Gobierno Planetario
2. Democracia Digital Directa Global
3. Suplantar al dinero por tiempo cualificado
4. Fondo Verde del 3% del PIB mundial anual
5. Abolir la pobreza
6. Hambre cero
7. Renta vitalicia mínima ante la cibernética
8. Acción por el clima
9. Recuperación de los bosques y océanos
10. Proteger los ecosistemas
11. Salvar el Ártico y Amazonia
12. Agua limpia y saneamiento
13. Ciudades y comunidades sostenibles
14. Industria, Innovación e Infraestructura sostenibles
15. Producción y consumo responsables
16. Desarrollo intensivo de energías renovables
17. Reactores a fusión
18. Desarrollo de IA segura
19. Salud y bienestar
20. Educación de calidad
21. Trabajo garantizado y crecimiento económico
22. Reducción de las desigualdades
23. Igualdad de género

*Inspirado en los Objetivos del Milenio de la ONU

Roberto Guillermo Gomes

Máster Buda Maitreya

Arquitecto / Periodista / Martillero y Corredor Público / Diseñador Gráfico / Diseñador Web / Marinero Pescador / Ecologista / Escritor / Máster en Astronomía y Astrofísica / Máster en Neurociencia Cognitiva / Máster en Psicología / Máster en Yoga / Máster en Acupuntura, Osteopatía, Terapias Naturales, Yoga Terapéutico / Máster en Mindfulness y Relajación en el Ámbito Educativo / Profesor en Mindfulness / Técnico Profesional en Mindfulness / Profesor de Ayurveda / Monitor de Yoga Universitario / Monitor de Yoga Infantil / Postgrado en Programación Neurolingüística PNL / Especialista en Análisis de Datos y Técnicas Estadísticas en Astrofísica / Especialista en Atmósferas Estelares / Especialista en Físicas Galácticas y Extragalácticas / Técnico Profesional en Masaje Ayurvédico Abhyanga y Bioenergético / Especialista en Osteopatía Craneal / Técnico en Acupuntura / Especialista en Técnicas de Relajación y Respiración / Experto en Neurociencia Cognitiva / Técnico en Psicología Infantil / Técnico en Atención Temprana / Técnico en Intervención Psico-educativa en Alteraciones de la Conducta en Niños de 0-13 años / Técnico en Terapias Naturales / Postgrado de Monitor de Yoga Terapéutico / Experto en Principios Fundamentales Éticos, Filosóficos y Místicos del Yoga / Experto en Asana y Pranayama, Secuencias y Progresiones (Vinyasa y Karana) / Experto en Relajación y Meditación en Yoga / Experto en Análisis Diagnóstico y Evaluación en Instrucción en Yoga / Técnico Especialista en Programación y Gestión de Recursos en Actividades de Instrucción en Yoga /

Especialista en Diseño y Dirección de Sesiones y Actividades de Yoga / Coaching Deportivo / Experto en Mindfulness en el Aula / Técnico en Neuropsicología de la Educación / MBSR (Mindfulness Based Stress Reduction) (41 títulos universitarios y terciarios).

Creador del NeuroYoga. Desarrollador del Programa FlashBrain para el incremento intelectual, del sistema Sophia y de la técnica de Meditación Sináptica. Impulsor y líder de la iniciativa por el 2% del PIB mundial, en forma anual, para dar solución definitiva al triple flagelo del hambre, superpoblación y calentamiento global.

Nació en Argentina, en 1956. Tuvo su primer trance espiritual a los 16 años de edad. A los 17, se le apareció la Virgen y le preguntó - **¿Por qué no crees en Mí?-.** Poco después, la Madre Cósmica, le fue despertando distintos estados de elevados samadhis y tuvo experiencias espirituales muy semejantes a las de Paramahansa Ramakrishna. A los 19 años, se hizo discípulo de Yogananda y en meditación, redescubrió la ancestral técnica del Kriya. Estudió MT con el Maharishi y Zazen con el maestro Bustamante.

Afirma yogui que **"mis experiencias con Dios son el derivado de un contacto con la esencia de mi propio Ser espiritual, dado que el alma y Dios comparten el mismo sustrato de existencia. Son un paso trascendente en el conocimiento de uno mismo. El fenómeno se encuentra por dentro del campo mental y es su reflejo".**

Posteriormente, completó su formación como diseñador gráfico, periodista, martillero y corredor público, marinero pescador, arquitecto, diseñador web, escritor, máster en yoga y creador del **NeuroYoga.**

El día 02/02/04, luego de un prolongado período de meditación con la técnica Vipassana, alcanzó la cesación mental.

Diseñó el sistema **Sophia,** de Sinergia Cerebral, mediante el cual es posible rediseñar el cerebro estimulando la neuroplasticidad e incrementar el coeficiente intelectual. Sintetizó la técnica de **Meditación Sináptica,** mediante la cual se descarga el estrés acumulado, se previenen las enfermedades y aumenta la memoria, la atención y la inteligencia, permitiendo el funcionamiento del **Supercerebro.**

Su objetivo, es occidentalizar el conocimiento espiritual milenario de oriente sin perder la esencia de su núcleo, ampliando y renovando la investigación. Simplificar la meditación, poniéndola al alcance de todos y sentando las bases para su introducción curricular en los sistemas educativos mundiales.

El otro foco, es unir acciones para frenar el Calentamiento-Inundación Global, mientras aún hay tiempo para aplicar medidas preventivas y correctivas al cuadro de situación presentado por los gases de efecto invernadero. Al mismo tiempo expandir compasión para atender el flagelo del hambre, que castiga a más de mil millones y educar para detener a la superpoblación.

"Mi misión: servir a la humanidad"

Yogui Mettàtron es occidental y cristiano. Logró en su vida con éxito dos carreras: una como periodista, llegando a jefe de redacción de un diario y la otra como un yogui practicante. Su trabajo se centró siempre en servir a los demás. Para él servir es **"la expresión más alta del Amor".**

A través de las enseñanzas del Vedanta fue descubriendo gradualmente cuál era la auténtica meta de la vida. El día 02/02/04, luego de un prolongado período de meditación con la técnica Vipassana, alcanzó la cesación mental, cuando la conciencia se funde con lo Absoluto. Deseaba ayudar a la gente tanto a nivel físico, mental como espiritual. Fue así como creó el sistema del **NeuroYoga**, un yoga de la síntesis que crea la base de la práctica moderna del yoga en Occidente.

El mayor tesoro es el conocimiento

Escribir se convirtió en la nueva misión de Yogui Mettàtron. Por lo que pudo aportar a la gente una ayuda más duradera. Su meta es difundir el conocimiento espiritual tanto como le sea posible. Para él el conocimiento es el mayor de todos los regalos. Las palabras que escuchamos pronto se olvidan; sólo la palabra escrita perdura.

Ha escrito la serie «Meditación Advaita», donde se enuncia la unión entre Dios y el Alma, donde conocer al propio Ser es realizar lo Absoluto en Sí mismo. Actualmente está trabajando sobre la colección «Tutoriales de Meditación» que consta de 50 libros, donde se explica la ciencia de la contemplación con todo detalle. En proyecto se encuentran las series «Mindfulness Action», «Yoga Fitness», «Neuroyoga Data», «Budismo Data» y «Un paseo por el Cosmos». Así como varias novelas.

Durante sus casi 25 años de periodismo, redactó unos 19.360 artículos, notas, entrevistas y crónicas; debido a ése entrenamiento tiene capacidad para escribir un libro por mes.

Publicó 90 libros en 3 años, 29 en 2019, 10 en 2020 y 51 en 2021, de marzo 2019 a marzo 2022. Un promedio de 30 libros por año. Además escribió "Opción Cero" y luego "Gaia Maligna", en sólo un día. Mientras que para el "Primer giro en la rueda del moderno Sagrado Dharma" demoró 3 horas.

Otros escritores han demorado más de 30 años en escribir más de 90 libros. Gomes tardó poco más del 10% de ese tiempo.

Yoga Holístico

Enseña el Yoga desde un punto de vista holístico: el NeuroYoga nos enseña a fortalecer y armonizar el cuerpo, la mente y el alma, para que podamos alcanzar la meta: un cuerpo sano, una mente equilibrada y la paz interior. El NeuroYoga ayuda a eliminar los obstáculos interiores y nos da fortaleza para mantenernos ecuánimes, calmados y conectados cuando nos enfrentamos a los retos diarios de la vida moderna.

yogi.mettatron@gmail.com